THÈSE
POUR LA LICENCE.

L'ACTE PUBLIC SUR LES MATIÈRES CI-APRÈS SERA SOUTENU,

Le Samedi 3 Mars 1838, à onze heures,

Par M.-C.-H. DIDIER MONGE, né à Castelnaudary (Aude.)

PRÉSIDENT : **M. PONCELET**, PROFESSEUR.

Suffragants : **MM. DURANTON. DESPORTETS, ORTOLAN,** Professeurs. **DELZERS,** Suppléant.

Le Candidat répondra en outre aux questions qui lui seront faites sur les autres matières de l'enseignement.

PARIS.

IMPRIMERIE DE MADAME PORTHMANN,
RUE DU HASARD-RICHELIEU, 8.

1838

A MON PÈRE

ET

à ma Mère.

JUS ROMANUM.

QUI TESTAMENTA FACERE POSSUNT.

DE REGULA CATONIANA.

QUI TESTAMENTA FACERE POSSUNT ET QUEMADMODUM TESTAMENTA FIANT.

(Dig. lib. 28, tit. 1.)

Testamentum est voluntatis nostræ justa sententia de eo quod quis post mortem suam fieri velit.

An valeat testamentum si disquiramus, imprimis requirendum an testamenti factionem habuerit, deinde an regulas juris observaverit is qui testamentum fecerit.

I. Testamenti factionem habent tantum patresfamilias, secundum legem XII tabularum.

Et nemo paterfamilias debet intelligi, quin sit *liber, civis* et *sui ju-*

ris. Idcirco, illi qui ad ferrum, ad bestias, ad metallum damnati sunt, qui apud hostes sunt, quia nec *liberi;* Latini Juniani, Dedititii, obsides, is cui aqua et igni interdictum est, in insulam deportatus, is qui, futuræ pœnæ metu, voluntariâ morte supplicium antevertit, quia nec *cives;* hi qui in potestate parentis sunt, quia nec *sui juris;* testamentum facere nequeunt.

At vero non is liber esse desinit qui a latronibus captus est, aut ille qui custodia publica adhuc indemnatus detinetur : et lege Cornelia de eo qui captivus apud hostes decesserit, certo casu provisum est.

Latinos Junianos et Dedititios in meliorem statum reducens, nullo inter libertos habito discrimine, Justinianus civitate romana donavit.

Obsides imperatoris auctoritate, et illi qui in insulam relegati sunt, jus quoque testamenti faciendi retinent.

Et tandem filiofamilias qui testamentum facere non potest (etiam si ei permiserit pater, quod testamenti factio publici non privati juris est) imperatorum constitutionibus de castrensi, et quasi castrensi peculio testari concessum est.

Præterea testamenta facere prohibentur, licet *cives, liberi,* et *sui juris* sint ; is qui lege *intestabilis* esse jubetur, qui de suo dubitat vel errat statu, impubis, mente captus, furiosus, prodigus, surdus et mutus.

Cæterum nullum aliud vitium testari quem prohibet.

Quippe in eo qui testatur, eo tempore quo testamentum facit, integritas mentis, non corporis sanitas exigenda est.

Senes itaque sinceritatem dummodo mentis retineant, cæci, illi qui manus amiserunt, testamenta facere possunt.

Furiosum in suis induciis, mente captum eo tempore quo cessat corporis adversa valetudo, mutum et surdum, si a principe impetraverunt, ut sibi liceret facere testamentm, ultimum condere elogium posse non dubitandum.

Et illud præsertim de his animadvertendum, quod non nocet si post testamentum factum causa prohibitionis supervenerit, quod semper nocet si tempore testamenti exstiterit, licet postea cessaverit.

II. Et quum hæc omnia curate perpenderimus, inspiciendum præterea, an testator regulas juris secutus erit quæ ad formam testamentorum pertinent.

Testamentorum olim genera fuerant tria : unum quod *calatis comitiis*, alterum quod *in procinctu*, tertium quod *per æs et libram* appellatum est.

Exoleverant autem *calatis comitiis* et *in procinctu* testamenta, et solum erat in usu quod *per æs et libram*, id est per mancipationem imaginariam fiebat testamentum, in quo adhibebantur libripens, et familiæ emptor, et non minus quam quinque testes cum quibus testamenti factio erat.

In testamento quod *per æs et libram* dicitur, duæ res aguntur: familiæ mancipatio, et nuncupatio testamenti.

Plura adhuc ad formam testamenti requiruntur jure civili. — Heredem vel palam nuncupare, vel scribere testator debet. — Uno contextu fiat testamentum. — Perfectum sit. — Ad testamentum rogati testes, cives romani, sponte et ad finem usque præsentes adsint. — Adhibeantur ad solemnia testamenti personæ haud lege prohibitæ.

Cæterum, neglecto *per æs et libram* testamento, prætor jus novum

edicto introduxit, quo nulla emancipatio desiderabatur, si non minus quam septem testium signa testamento impressa fuissent.

Postea, usu et constitutionum emendationibus, paulatim jus civile et prætorium in unam cœperant jungi consonantiam, huic juri a
Justiniano additum, ut testes nomina subscriberent; quod jus triper-
titum esse videtur.

Quasdam præterea novas formas introduxerunt imperatores Ho-
norius et Theodosius de *nuncupativo* et de *mystico* testamento; et cæ-
corum in testamentis specialem formam observandam Justinus do-
cuit.

Pauca nunc dicamus de testibus adhibendis. Cum iis testamenti
factionem habeat testator, id est cum iis qui vel pro semetipsis, vel
pro iis quorum sub potestate sunt, quidquam acquirere possunt.

Attamen mulier, impubis, mutus, surdus, furiosus, is cui bonis
interdictum, is quem leges improbum vel intestabilem esse jubent,
in testamentum perhibere testimonium imperiose prohibentur.

Hæres scriptus, is qui in potestate testatoris vel hæredis est scripti,
et contra is qui sub potestate hæredem tenet, aut qui cum ipso hæ-
rede sub eadem est potestate in numero testium adhiberi non possunt.

Patrem de castrensi peculio filii testamento testem adhiberi prohibet
Justinianus.

Non nocet, si extranei testamento plures ex unà domo testes ad-
hibiti fuerint. Legatarios et fideicommissarios testimonium perhibere posse haud dubitandum.

DE] REGULA CATONIANA.

(Dig., lib. 34, tit. 7.)

Regula Catoniana ita definit : *Quod, si testamenti facti tempore decessisset testator, inutile foret, id legatum quandocumque decesserit non valere.*

Nam Catoni, qui hanc regulam constituit, absurdum pene visum est, deberi legatum, mortuo testatore, quod non debitum fuisset, si eo tempore testamenti facti statim decessisset is qui fecit.

Sed contra si testator conditioni legatum subjecit, non ad hoc regula Catoniana pertinet.

Certum est hanc neque pertinere ad legata quorum dies non mortis tempore, sed post aditam cedit hæreditatem :

Sub conditione enim quodam modo esse videntur.

Non in legatis tantum, sed in hæreditatibus locum Catoniana regula obtinet.

Non ad novas leges attinet.

DROIT FRANÇAIS.

DES DONATIONS ENTRE VIFS ET DES TESTAMENTS

(Cod. civ., liv. 3 , tit. 2.)

Parmi les différentes manières d'acquérir et de transmettre la propriété, la donation, c'est-à-dire, la faculté pour toute personne de disposer gratuitement et librement de sa chose au profit d'une autre personne, a dû éveiller la sollicitude du législateur. Dans l'intérêt des familles et de l'ordre public, il a dû resserrer l'étendue de ce droit dans de justes limites; et c'est d'après cette vue qu'il a réglé les conditions, les formes et les effets des dispositions à titre gratuit.

Après avoir établi, dans le premier chapitre, les principes généraux sur le mode de disposer, les rédacteurs du Code déterminent, dans le second, par qui et envers qui les dispositions autorisées peuvent être faites; un troisième chapitre est consacré à fixer les bornes que ne peuvent dépasser les libéralités.

CHAPITRE Ier.

Dispositions générales.

Deux modes de disposer à titre gratuit : — La donation entre vifs. — Le testament :

La donation est un *acte* par lequel le donateur se dépouille *actuellement* et *irrévocablement* de la chose donnée, en faveur du donataire qui l'accepte (art. 894).

Le testament est un acte par lequel le testateur dispose, pour le temps où il n'*existera plus*, de tout ou partie de ses biens, et qu'il *peut révoquer* (art. 895).

Il est facile de saisir la différence immense qui existe entre le tesment et la donation.

Dans la donation, il y a dépouillement actuel du donateur en faveur du donataire, du moment que celui-ci a accepté la libéralité. — Dans le testament, le testateur ne dépouille que ses héritiers.

La donation, parfaite par l'acceptation, ne peut être révoquée par le donateur.

Le tsetateur, au contraire, conserve jusqu'à la mort le droit de révoquer sa libéralité.

L'un est un acte, œuvre d'une seule volonté ; l'autre, malgré les expressions du Code, doit être regardée comme un contrat : elle ne doit l'existence qu'au concours de deux volontés.

Les donations et testaments peuvent, en général, être soumis à telle condition qu'il plait au donateur d'imposer : mais les conditions peuvent être physiquement ou moralement impossibles. Fallait-il annuler la disposition dans son entier, comme dans les contrats ordinaires, ou bien annuler simplement la condition ? Le Code tranche la question : la condition sera réputée non écrite.

Le motif qui domine dans une donation ou une disposition testamentaire, est l'intention de faire une libéralité, intention qui probablement aurait prévalu, même si l'on eût connu l'impossibilité de la condition. Il n'en peut être de même dans les contrats, où la cause de l'obligation est précisément la condition.

CHAPITRE II.

De la capacité de disposer ou de recevoir par donation entre-vifs ou par testament.

Il est de droit commun que tout homme puisse disposer librement de sa chose ; comme aussi toute personne doit pouvoir acquérir. La loi a dû maintenir ce principe d'équité, et si elle y a apporté quelques restrictions, ce n'a été que pour protéger la faiblesse et l'incapacité morales ou physiques des uns, contre l'avidité et la fraude des autres.

La capacité est donc la règle : l'incapacité est l'exception.

La loi établit plusieurs distinctions entre les incapables : d'où résulte la division suivante : incapacité de disposer : — incapacité de recevoir.

L'incapacité, d'ailleurs, est absolue ou relative. Absolue, quand elle existe à l'égard de tous. — Relative, quand elle a lieu seulement entre certaines personnes.

Les libéralités ont leur base dans la volonté du disposant ; il n'y a pas de volonté parfaite si l'esprit qui la produit n'est pas sain ; il n'y a donc pas de libéralité possible de la part de l'homme qui n'est pas sain d'esprit ; c'est là une incapacité de fait absolue.

Ne peuvent en outre disposer, d'une manière absolue, à titre gratuit par donation ni testament ;

Le mineur âgé de de moins de seize ans, sauf la faveur due aux dispositions entre époux par contrat de mariage ; — le mort civilement ; — le condamné par contumace à une peine emportant la mort civile : — l'interdit.

Sont encore incapables de disposer d'une manière absolue par donation, mais peuvent tester : le mineur parvenu à l'âge de seize ans, avec une restriction toutefois : — la femme mariée non autorisée ; — toute personne soumise à un conseil judiciaire ; — le failli, du jour de l'ouverture de la faillite.

Les incapacités qui ne sont que relatives pèsent sur : le mineur âgé de plus de seize ans, vis-à-vis de son tuteur quant aux biens dont il peut disposer par testament : — le majeur vis-à-vis de son tuteur avant l'apurement du compte de tutelle : sauf une exception en faveur des ascendants.

Venons maintenant aux incapacités de recevoir. Ici encore, d'un côté, incapacité absolue ; de l'autre, relative : absolue pour celui qui n'est pas conçu au moment de la donation ou au jour du décès du testateur ; pour le mort civilement ; — Relative pour le tuteur à l'égard de son pupille ; pour l'ex-tuteur avant l'apurement de son compte de tutelle; pour l'enfant naturel de la part de ses père et mère; pour le médecin et le ministre du culte s'ils ne se trouvent pas dans les cas d'exception prévus par le Code, pour les établissements publics.

Les différentes incapacités que nous venons d'énumérer seraient éludées facilement si l'on pouvait, au moyen de personnes interposées, ou par une fausse dénomination de l'acte de libéralité, se soustraire aux prohibitions de la loi. Le Code, en allant au-devant de la fraude, ne pouvait prononcer qu'en général sur des questions qui dépendent le plus souvent de séries de faits dont l'appréciation est soumise à la sagesse des tribunaux. Ceux-ci annuleront toujours des actes reconnus frauduleux. Toutefois il a été plus loin : il y a certaines personnes qui, eu égard aux liens qui les unissent avec l'incapable, sont eux-mêmes, de droit, incapables de recevoir. La loi leur a fait une position toute exceptionnelle. Car, en tous les cas, c'est à celui qui attaque un acte vicieux à prouver le vice dont cet acte est entaché : et lorsqu'il y aura libéralité déguisée sous le titre d'un contrat à titre onéreux, ce sera à celui qui attaquera la disposition, qu'elle ait ou non reçu son exécution, à prouver qu'il y a fraude, ce qui pourra quelquefois être difficile : et, disons-le en passant, le Code n'ayant point fixé les moyens de preuve, tous ceux indiqués art. 1316 peuvent être mis en œuvre.

Mais pour en revenir à ces présomptions admises par la loi, la preuve une fois établie que les personnes au profit desquelles la libéralité est faite sont au nombre des personnes présumées interposées, il ne reste plus rien à faire ; tout est dans cette preuve. La libéralité est nulle. Elles ne sont pas même admises à prouver que la libéralité leur est personnelle. En cela, peut-être, on pourrait blâmer la sévérité de la loi.

Sont réputées personnes interposées, les père, mère, descendants ou conjoints de la personne incapable.

Mais l'on ne doit pas pouvoir étendre, ce me semble, cette rigueur de la loi, et on doit la restreindre aux seuls cas spécifiés par elle.

Ainsi les père, mère, descendants et conjoints du mort civilement, les alliés, beau-père, belle-mère, etc., etc, ne doivent pas être compris dans la prohibition de l'art. 911.

Il nous reste sur cette matière à examiner à quelle époque est requise la capacité, soit de donner, soit de recevoir.

La question est différente suivant qu'il s'agit de donations ou de testaments.

C'est au moment de la donation que la capacité du donateur et du donataire est exigée.

Mais si l'acceptation est donnée par acte séparé, il y a lieu de distinguer trois époques dans la donation ; la manifestation de la volonté du donateur ; l'acceptation du donataire ; la notification.

Pour la validité de la disposition, le donateur doit avoir été capable, de fait et de droit, au moment de la donation et de l'acceptation.

Le donataire doit l'avoir été au moment de l'acceptation, mais non au moment de la donation.

La capacité du donateur ni celle du donataire ne sont requises à l'époque de la notification.

Tout ceci s'applique aux donations pures et simples, comme aux donations conditionnelles.

Quand il s'agit de testaments, deux époques, pour donner, sont à considérer pour la capacité. — Celle de la confection de l'acte ; celle du décès. Peu importe, dans l'intervalle, quels changements d'état a pu subir le testateur, pourvu que la mort le trouve libre et capable de disposer.

Pour recevoir par testament, il est encore une distinction à faire : le legs est subordonné à une condition, ou il est pur et simple. Dans ce dernier cas, la capacité est exigée au moment de la mort. Dans le premier, le légataire doit être capable au moment de l'ouver-ture du droit qui a lieu lors de l'accomplissement de la condition.

CHAPITRE III.

De la portion de biens disponible et de la réduction.

SECTION Ire.

DE LA PORTION DE BIENS DISPONIBLE.

Après avoir examiné quelles étaient les personnes qui pouvaient faire ou recevoir des libéralités, il a fallu fixer les limites dans lesquelles elles peuvent user de leurs droits. Poser ces limites et y faire rentrer tout ce qui les dépasse, tel est le but que s'est proposé le législateur dans ce chapitre.

Il est, parmi les parents que la loi appelle à succéder, des personnes dont le droit repose sur des devoirs tellement sacrés, ou des considérations tellement puissantes, qu'on n'a pas du permettre à la volonté de l'homme de les anéantir. On ne pouvait, d'un autre côté, enlever à une personne capable le droit de transmettre une partie de ses biens. La loi a tout concilié, en réglant la faculté de disposer de tout ou partie de ses biens, eu égard au nombre des héritiers.

Avant le Code, les pays de droit écrit et les pays coutumiers avaient admis sur les mêmes motifs d'équité, sinon sur les mêmes bases, une réserve ou légitime.

La réserve telle qu'elle est envisagée dans notre législation, n'est réellement qu'une *succession ab intestat*, il en résulte : 1° qu'on ne peut avoir droit à la réserve, si l'on n'est héritier. L'héritier renonçant n'y peut prétendre; 2° que la réserve est dévolue, non en particulier à chaque héritier, mais en masse à tous les héritiers privilégiés. C'est par le concours seul que s'opère entre eux la division; la part des renonçants accroît donc aux acceptants; 3° que l'héritier qui renonce ne peut retenir, outre la quotité disponible, sa part dans la réserve.

D'où il suit que la quotité disponible peut être donnée aux successibles comme à des étrangers, pourvu que la disposition ait été faite par préciput et hors part.

C'est seulement en faveur des descendants et ascendants, que la loi met des bornes à la faculté de disposer.

La portion disponible est toujours au moins d'une part d'enfant, et jamais inférieure au quart des biens.

C

La faculté de disposer en faveur du conjoint a été renfermée dans des limites particulières.

Les enfants adoptifs ont les mêmes droits que les enfants légitimes ; les enfants naturels ont aussi une réserve. La représentation a lieu pour la ligne descendante, mais les descendants ne peuvent, quelque soit leur nombre, viendraient-ils même de leur chef, compter que pour l'enfant qu'ils représentent.

A défaut de descendant, les ascendants ont une réserve s'ils viennent à la succession ; il faut examiner si le défunt laisse des ascendants dans les deux lignes ou dans une seule : Dans le premier cas, la réserve est de la moitié ; elle est du quart dans le second. L'ascendant devra toujours compléter sa réserve, bien qu'il soit en concours avec des collatéraux autres que frères et sœurs du défunt qui empêchent toujours l'ascendant d'avoir une réserve.

La réserve doit rester intacte pour les revenus et la propriété ; d'où il suit que les dispositions de simple usufruit, ou de rente viagère, excèdent sous un certain rapport la quotité disponible, toutes les fois que les fruits des biens sur lesquels est établi l'usufruit, ou que les arrérages de la rente viagère surpassent le revenu des biens disponibles. Mais pour éviter toute controverse sur une interprétation toujours difficile, les héritiers peuvent, ou exécuter la disposition, ou abandonner en toute propriété la portion disponible.

Il restait un dernier point important à éclaircir, celui où, sous la forme d'un contrat onéreux, le disposant aurait éludé la loi. La disposition faite à l'égard d'un successible en ligne directe est supposée faite avec l'intention de donner. Il y aura réduction ; réduction qui ne peut être, au reste, demandée par les héritiers ayant droit à une réserve, mais qui auraient concouru à l'acte.

SECTION II.

DE LA RÉDUCTION DES DONATIONS ET DES LEGS.

La réduction n'e t que la conséquence de la réserve. La faculté de disposer n'étant limitée que dans l'intérêt des héritiers désignés par la loi, il en résulte que les dons excessifs ne doivent pas être annulés en entier, mais seulement à la quotité disponible. — Il y a lieu à réduction seulement à l'ouverture de la succession. La quotité disponible ne peut être connue qu'à cette époque.

La réduction ne peut être demandée que par ceux au profit desquels la loi fait la réserve, et leurs héritiers ou ayant-cause.

Il faut que la réduction soit demandée pour qu'elle ait lieu.

Les ayant-cause du défunt ne profitent du droit de réduction que lorsque les héritiers qui peuvent la demander ont accepté purement et simplement.

Pour juger s'il y a lieu ou non à réduction, et jusqu'à quelle concurrence, il faut commencer par déterminer le montant de la quotité disponible. Le *quantum* de la portion disponible ne peut être connu qu'après avoir formé une masse de tous les biens qui appartenaient au défunt au jour du décès; on y réunit tous ceux dont il a fictivement disposé gratuitement entre vifs.

Les biens compris dans la masse le sont sur le pied de leur valeur au temps du décès. Cette valeur est déterminée d'après l'état de ces mêmes biens au temps de la donation.

La masse formée, on en déduit les dettes, et sur ce qui reste on calcule la quotité disponible.

Les donataires ne sont point assujettis aux dettes; d'où il suit qu'il convient de faire la déduction des dettes avant la réunion fictive des biens donnés.

Lorsque la masse est composée, la quotité disponible fixée, il est facile de voir si les libéralités excèdent ou non cette quotité. La libre faculté de disposer n'ayant cessé qu'au moment où le donateur a dépassé les limites que la loi lui avait fixés, tous les droits des donataires dans ces limites doivent rester intacts.

D'où il suit que la réduction porte sur les legs, avant d'atteindre les donations; que parmi les donations la plus ancienne est préférée.

Pour les legs, la réduction se fait au marc le franc, sans distinction entre les legs universels, les legs à titre universel et les legs particuliers ; ils sont tous caducs si les donations absorbent la quotité disponible.

La réduction doit remettre en général la succession au même état que si le don n'avait pas eu lieu.

Les fruits à recouvrer appartiennent à la succession, du jour même du décès; mais le donataire, s'il n'est attaqué dans l'année, ne doit les fruits que du jour de la demande.

Les immeubles rentrent francs et quittes de toutes charges créées par le donataire.

Les aliénations faites par le donataire sont même résolues, seulement, la faveur due aux tiers-acquéreurs prévaut sur l'intérêt qu'ont les héritiers à obtenir les biens en nature. Aussi, il ne peut y avoir résolution que lorsque tous les biens meubles et immeubles du donataire qui a aliéné ont été préalablement discutés.

La réduction, si elle a lieu contre les tiers, doit frapper l'aliénation la plus récente.